JEAN DE BLOCH

ÉVOLUTION DE LA GUERRE
ET DE LA PAIX

I

Le mécanisme de la guerre de campagne et son fonctionnement

Extrait de l'ouvrage en 6 volumes ayant pour titre :

LA GUERRE

Aux points de vue technique, économique et politique

PARIS

IMPRIMERIE PAUL DUPONT

4, Rue du Bouloi, 4

1899

ÉVOLUTION DE LA GUERRE

ET DE LA PIAX

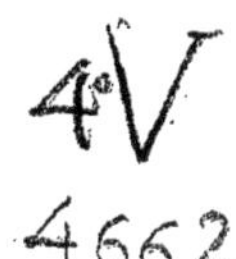

JEAN DE **BLOCH**

ÉVOLUTION DE LA GUERRE
ET DE LA PAIX

I

Le mécanisme de la guerre de campagne et son fonctionnement

Extrait de l'ouvrage en 6 volumes ayant pour titre :

LA GUERRE

Aux points de vue technique, économique et politique

PARIS

IMPRIMERIE PAUL DUPONT

4, RUE DU BOULOI, 4

1899

INTRODUCTION

L'ouvrage intitulé *La Guerre*, dont l'original russe a paru en six volumes au cours des dernières années et dont la librairie Guillaumin publiera prochainement une édition française, est le fruit de longues années d'études et de recherches englobant tant le mécanisme de la guerre que ses multiples effets. Elles nous ont conduit à cette conclusion que la guerre serait, dans les conditions actuelles, un acte de la plus haute témérité et presque la mise en pratique d'une meurtrière utopie. L'examen consciencieux de toutes les opinions émises à ce sujet par les sommités militaires nous a convaincu : 1° que les armées mises en présence se trouveraient dans l'impossibilité de résister à la force destructive développée dans les batailles futures, si la guerre devait être menée comme dans le passé ; 2° que si l'on veut éviter l'anéantissement complet de l'armée, on ne pourra se soustraire aux conséquences de la longue durée des hostilités, devant amener la banqueroute économique. Nous nous sommes donc demandé pourquoi les peuples s'épuisaient à accumuler des moyens de destruction aussi formidables, pour une lutte dont les résultats, en définitive, ne seraient jamais que chimériques, puisque, pour éviter leur extermination mutuelle, les armées seraient forcées d'adopter une tactique qui prolongerait la guerre sans la résoudre, la pénurie d'argent devant déterminer, en fin de compte, le manque des moyens de continuer les opérations chez tous les belligérants ? La réponse que nous avons trouvée, après avoir examiné attentivement la question sous toutes ses faces, est qu'une entente ayant pour but d'éviter la guerre toujours menaçante, l'institution d'un tribunal d'arbitrage international, destiné à résoudre pacifiquement les différends entre les nations, et, comme conséquence, l'arrêt dans les armements, ne se trouvent nullement en dehors des projets absolument réalisables.

Tels sont l'objet, le but et l'argument final de ce travail, qui se rattache ainsi d'une façon directe aux préoccupations politiques, économiques et sociales, dont la conférence de La Haye s'occupe.

Jean de BLOCH.

LE

MÉCANISME DE LA GUERRE DE CAMPAGNE

ET

SON FONCTIONNEMENT

I

Il fut un temps où la balle du fusil passait, presque dans tout son parcours, par-dessus la tête des combattants, et n'était dangereuse que sur une partie extrêmement restreinte de sa trajectoire. Tandis qu'aujourd'hui, semblable à la faux des légendes, elle abat tout ce qu'elle rencontre sur une étendue de 600 mètres. Même, depuis l'adoption de fusils plus perfectionnés encore, la surface battue atteint 1,100 mètres. Et comme il est peu probable qu'au cours d'une bataille il n'y ait pas, sur un tel espace, au moins un être vivant, on peut admettre que chaque balle tirée fera une victime.
Rasance.

Non moindre est l'importance de la poudre sans fumée et des nouveaux explosifs.
**Poudre
sans fumée.**

La force explosive de cette nouvelle poudre est bien plus grande que celle de l'ancienne ; et, par suite de son absence, ou de son peu de fumée, elle empêche d'abord que, par l'observation de cette fumée, on puisse se rendre compte de la position et même de l'effectif des troupes, puis elle débarrasse les tireurs, fantassins et canonniers, des nuages de fumée qui les empêchaient de viser. Et comme, en fait d'explosifs, le dernier mot n'est pas dit, ceux employés dans la guerre future seront d'une telle puissance que tout groupement de troupes en rase campagne ou même sous l'abri de couverts et de fortifications deviendra presque impossible, et que tous les préparatifs actuellement faits en vue de la guerre seront inutilisables.

Le perfectionnement des armes portatives progresse avec une incroyable rapidité. D'après le témoignage presque unanime des hommes compétents, toutes les améliorations apportées au fusil, dans le cours de cinq siècles, c'est-à-dire depuis l'invention de la poudre, ne peuvent être comparées, comme importance, avec celles qu'on a réalisées depuis les guerres de 1870-71 et 1877-78.
**Armes
portatives.**

Un spécialiste bien connu, le professeur Hebler, a fait entre les divers types de fusil les plus récents une comparaison dont il a numériquement indiqué les résultats en exprimant par 100 la valeur du fusil Mauser (de 11 millimètres, modèle 1871). Dans ces conditions, la valeur comparative des différentes armes s'est trouvée correspondre :

Pour le fusil français actuel . . . . .à   433

— le fusil de 6^m/^{m} adopté aux Etats-Unis. . . .à   1.000

— les fusils de 5^m/^{m} actuellement en essai . . .à   1.337

Ainsi donc, si, en 1870, les armées française et allemande avaient eu des fusils des nouveaux modèles, leurs pertes pouvaient être 4 à 5 fois plus fortes qu'elles ne l'ont été. Et c'est 10 fois plus graves qu'elles eussent été avec les fusils de 6 millimètres dont sont armés les soldats des Etats-Unis.

Les fusils de l'avenir. Cependant, les techniciens les plus autorisés trouvent que ces nouveaux fusils ont déjà vieilli ; ils pensent que l'avenir est aux fusils à chargement automatique, c'est-à-dire permettant de tirer tout une série de coups sans retirer l'arme de l'épaule et sans perdre son temps et sa peine à la recharger.

Le professeur Hebler soutient que les plus perfectionnés de ces fusils seront, comme puissance, 40 fois supérieurs à ceux dont les soldats étaient armés en 1870. Ce qui veut dire que, dans l'état actuel de la technique, tous les pays devraient à bref délai renouveler leur armement d'une manière complète, si, d'ici là, on n'arrive pas à mettre un terme à la concurrence en matière de préparation à la guerre. Or, la transformation de l'armement de l'infanterie en Allemagne, en France, en Russie, en Autriche et en Italie, exigerait, d'après nos calculs, la dépense énorme de 3,752 millions.

On a dit que les perfectionnements du fusil actuel seraient neutralisés, en quelque sorte, par la rapidité de son tir, rapidité qui ferait perdre au soldat tout sang-froid, et peut-être même la faculté d'utiliser pleinement les qualités de son arme. Si bien que les armes à longue portée d'aujourd'hui ne seraient pas, au cours même du combat, plus meurtrières que les précédentes. Mais cette hypothèse est contraire aux résultats fournis par l'expérience de la campagne du Chili en 1891.

Expérience fournie par la guerre de 1891. Dans cette campagne, les troupes fidèles au Congrès étaient armées en partie de nouveaux et en partie d'anciens fusils. — Et il se trouva que pour 100 soldats pourvus de la nouvelle arme, il était mis 82 hommes hors de combat dans l'armée du Dictateur, tandis qu'à 100 soldats munis des armes anciennes ne correspondait qu'une mise hors de combat de 34 hommes.

Absence de fumée. Rien que l'absence de fumée doit notablement augmenter l'effet meurtrier des nouvelles armes. Les exemples du passé montrent qu'à la distance de 60 pas souvent les combattants ne pouvaient mutuellement s'apercevoir et que leur feu se trouvait ainsi privé de toute efficacité.

Cartouches. D'ailleurs, les fusils actuels ne fussent-ils pas, à nombre égal de balles lancées, plus meurtriers que les précédents, l'augmentation du nombre des cartouches portées et des coups tirés sera telle que deux corps opposés l'un à l'autre pourraient s'entre-détruire d'une manière complète, d'autant qu'une balle actuelle peut tuer ou blesser jusqu'à 6 hommes, et considérant que la balle des fusils Chassepot et Berdan, pas plus que celle du fusil à aiguille prussien, n'était capable de traverser le crâne d'un homme à 1.600 mètres, tandis que la balle des fusils de petit calibre actuels traverse les os les plus durs d'un bœuf, même à 3.500 mètres.

Mais outre les balles des fusils, les projectiles de l'artillerie frapperont également avec une puissance dont le passé même récent n'offre pas d'exemple.

Puissance de l'artillerie.

En 1891, le colonel Langlois, aujourd'hui général, calculait que, depuis 1870, la puissance de l'artillerie s'est augmentée dans la proportion d'au moins 12 à 15.

Mais ce calcul fait en 1891 ne correspond déjà plus à la réalité. En France, en Allemagne et en Russie, on s'est mis à fabriquer des canons à tir rapide, et, du témoignage d'écrivains autorisés comme le général Wille, le professeur Potocki et le capitaine Moch, on peut admettre que le tir de ces pièces aura tout au moins des effets deux fois plus considérables que ceux de 1891. Aussi, finalement, arrive-t-on à conclure que, pour les armes à feu portatives, le passé ne peut donner une idée de ce que sera l'effet de l'artillerie de la guerre future.

Non moins grands d'ailleurs ont été les progrès réalisés dans l'organisation des projectiles. L'emploi de l'acier pour leur confection a permis d'y mettre un plus grand nombre de balles, et en les chargeant d'explosifs 4 fois plus puissants que la poudre d'autrefois, on a donné à chaque éclat ou balle une force plus grande, en même temps que le nombre de ces éclats ou balles est devenu 10 fois plus considérable.

De tels projectiles produiront dans les rangs des vides énormes. Ainsi, en calculant, d'après les données du général prussien Rohne, les pertes que subirait un corps de 10,000 hommes marchant en ordre dispersé à l'attaque d'une position fortifiée défendue par le même nombre d'hommes avec l'artillerie correspondante, on trouve, en tenant compte du feu de celle-ci seulement, qu'avant d'avoir parcouru 2,000 mètres dans la direction des retranchements, la troupe assaillante peut avoir tous ses hommes, sans exception, atteints par des balles et des éclats de projectiles, attendu que, pendant ce mouvement, la défense est capable de tirer 1,450 coups de canon qui produiront 275,500 balles et éclats, dont 10,330 feront au moins une victime.

Pertes d'après Rohne.

Mais ces fusils et ces canons perfectionnés, ainsi que leurs projectiles, ne constituent pas encore tout ce que l'esprit entreprenant de l'homme a imaginé pour augmenter la puissance des moyens de combattre. Depuis la dernière guerre, on a perfectionné et même inventé de toutes pièces une série complète d'engins, auxiliaires seulement il est vrai, mais qui 'en auront pas moins, dans la guerre future, une importance considérable.

Engins auxiliaires.

Les vélocipèdes, les pigeons messagers, les télégraphes et téléphones de campagne, les appareils optiques de jour et de nuit pour faire des signaux ou pour éclairer le champ de bataille, les instruments photographiques pour lever à grande distance le plan d'un terrain, engins permettant d'observer les mouvements des troupes : échafaudages et échelles-observatoires, aérostats, etc., contribueront notablement à diminuer le nombre des cas où, faute de renseignements sur la position et les mouvements de l'ennemi, on ne pouvait l'attaquer en temps opportun et avec succès.

Sous ce rapport encore, la guerre future se distinguera des précédentes par les conditions entièrement nouvelles qu'elle présentera.

Fortifications de campagne. Mais de nouvelles combinaisons tactiques changeront surtout le caractère de la guerre future : ainsi *tout* corps de troupe se tenant sur la défensive ou même prenant l'offensive — s'il ne s'agit pas d'une attaque brusquée — devra toujours se fortifier dans la position qu'il aura choisie, en enterrant pour ainsi dire sa ligne de défense dans le sol ; en élevant toute une série d'abris ou couverts, pour se donner des points d'appui ; ce qui, grâce aux outils portés aujourd'hui par les hommes, ne leur demandera que quelques heures. Etablis derrière ces abris et pouvant déployer toute la puissance de leur feu contre l'ennemi, les défenseurs n'éprouveront que des pertes relativement faibles, puisqu'en tirant, ils n'exposeront que la tête et les bras, c'est-à-dire, par exemple 1/8 de leur hauteur, tandis que les assaillants marcheront à découvert sous le feu ininterrompu de la défense et presque sans pouvoir même répondre à son feu.

Défenses accessoires. Aussi la guerre se présentera-t-elle surtout sous la forme d'une série de combats dans lesquels se disputera la possession des positions fortifiées. Outre les ouvrages de campagne et épaulements de toute sorte, l'assaillant aura affaire à des obstacles additionnels, dits *défenses accessoires*, qu'il rencontrera dans le voisinage immédiat de la fortification, c'est-à-dire là, même où le feu de l'ennemi sera le plus dangereux : barricades, réseaux de fils de fer, trous de loup, etc. La destruction de ces obstacles coûtera énormément de victimes.

Cavalerie. Passant ensuite au mode d'action des troupes des différentes armes, nous avons exposé les plus récentes modifications aux procédés d'opération de la cavalerie.

Une partie sera chargée, dès le début des hostilités, d'exécuter des incursions sur le territoire ennemi voisin, pour y détruire les moyens de communication, les magasins militaires, les télégraphes, s'emparer des caisses de l'État et empêcher la réunion des hommes appelés sous les drapeaux qui se rendront à leurs corps.

Puis la cavalerie, partie intégrante de l'armée, sera, comme par le passé, employée à exécuter des reconnaissances, qui lui seront rendues plus difficiles par suite de l'adoption de la poudre sans fumée, car elle essuiera de très loin le feu des vedettes ennemies, sans que la fumée du coup trahisse même la position des tireurs.

Et, cependant, avec la puissance des armes actuelles, il sera plus que jamais nécessaire à l'armée qui prend l'offensive de « tâter » sa voie et en général tout le terrain en avant d'elle. De sorte que le rôle de la cavalerie, précisément dans ce sens d' « antennes » de l'armée, a pris une importance particulière.

Quant à la part que la cavalerie prendra au combat lui-même, la question est fort discutée, et les militaires n'ont pu s'entendre encore sur le point de savoir si cette arme pourra conserver dans l'avenir l'importance qu'elle avait au combat, tant pour décider du succès, que pour achever la défaite de l'ennemi par la poursuite.

En tout cas, on peut admettre que le rôle de la cavalerie à la guerre continuera d'être très important, quoiqu'on ne puisse encore invoquer à ce sujet la sanction de l'expérience.

Tout autre en est-il des opérations de l'artillerie.

Il est admis que, sans le concours de cette arme, l'infanterie, même notablement plus faible en nombre, ne peut être délogée d'une position fortifiée qu'elle occupe ; et comme l'infanterie sur la défensive se retranchera toujours, il en résulte que la conduite de la guerre future dépendra en grande partie de l'artillerie.

Mais le succès de celle-ci, à son tour, dépendra pour beaucoup de la résistance qu'elle rencontrera de la part de l'artillerie adverse.

Ainsi, dès le début même de chaque engagement, les batteries des deux partis opposés devront être portées en avant.

Les canons de l'assaillant commenceront par essayer d'éteindre, ou tout au moins d'affaiblir le feu des pièces ennemies, après quoi seulement il leur sera possible de tourner leur tir contre l'infanterie. Mais les canons de la défense, qui jouissent comme conditions de tir de beaucoup d'avantages, s'efforceront de s'opposer à cette tentative.

Le résultat de ces duels — si, des deux côtés, on est à peu près de même force — sera, selon toute vraisemblance, la destruction de l'artillerie de l'offensive ; mais, si la supériorité de puissance de cette dernière est très sensible, c'est la destruction mutuelle des deux qui se produira. Et l'on est encore amené ainsi à se demander si l a guerre elle-même ne deviendra pas impossible ; conclusion qui peut sembler risquée et qui pourtant découle des études des artilleurs les plus compétents.

Sous ce rapport, le calcul suivant, par exemple, ne laisse pas d'être instructif. Combien d'hommes peut-on mettre hors de combat dans une affaire, en consommant les projectiles que transportent avec elles les batteries, telles qu'elles sont constituées dans les différentes armées, en tenant compte, bien entendu, des conditions défavorables où s'exécute le tir de guerre relativement aux exercices du temps de paix ? En faisant cette recherche, d'après les indications du général prussien Müller, auteur militaire bien connu, nous trouvons que l'effet des projectiles, transportés par les batteries des armées française et russe réunies, pourrait mettre hors de combat 6,600,000 soldats. Nous servant ensuite des données fournies par ce même général Müller sur l'effet des bouches à feu, on trouve qu'avec le même approvisionnement en munitions, les canons franco-russes pourraient parfaitement soutenir l'attaque d'un nombre d'hommes double de celui ci-dessus, c'est-à-dire de plus de 12 millions de soldats, ce qui représente 44,120 compagnies sur le pied de guerre. Quant au nombre des projectiles portés par les batteries réunies des armées allemande, autrichienne et italienne, ils pourraient mettre hors de combat 5,300,000 hommes et arrêter l'attaque de 10 millions de fantassins.

Un écrivain non moins autorisé, le colonel — aujourd'hui général — Langlois, professeur à l'École supérieure de guerre, suppose, d'après le caractère des combats futurs, que chaque pièce aura besoin d'un approvisionnement de 500 coups. Or, si l'on tient compte du nombre des pièces, et de celui des atteintes que produisent en moyenne les éclats d'un seul obus, on trouve qu'il y aurait là de quoi détruire un nombre d'hommes 8 fois supérieur à l'effectif des troupes qui peuvent être mises sur pied. En outre, il faut tenir compte que les projectiles actuels, chargés d'explosifs puissants, constituent un danger, non seulement pour l'ennemi, mais pour les troupes mêmes qui s'en servent. La conservation, le transport et l'emploi des munitions, sous les coups bien dirigés de l'ennemi, peuvent amener des catastrophes qui augmenteront les horreurs de la guerre.

Même en temps de paix, d'ailleurs, ne voyons-nous pas surgir, de ce chef, des accidents dont, malgré tous les efforts qu'on fait pour les garder secrets, la nouvelle vient à chaque instant terrifier le monde, témoin, par exemple, la récente explosion de Toulon.

Conclusions sur l'artillerie. Tout cela nous amène à conclure que, même en ne tenant pas compte des dangers imputables aux explosions, le matériel actuel de l'artillerie suffit pour détruire des armées beaucoup plus nombreuses que celles que l'on pourrait mettre en campagne.

Mais cela même ne peut arriver par cette raison bien simple que l'artillerie de chacun des partis opposés est en état de faire taire, dans le plus bref délai, celle de son adversaire. Et comme, de l'avis des autorités les plus éminentes, le nombre et la qualité des bouches à feu, ainsi que l'instruction de leurs servants, seront presque égales de part et d'autre, le simple bon sens nous dit que, dans le duel au canon par lequel débuteront les batailles, ou bien l'assaillant, qui est le plus exposé, sera détruit, ou bien il y aura destruction réciproque des batteries en présence.

Infanterie. Quant à l'action de l'infanterie dans la guerre future, les opinions ne sont pas encore bien fixées sur ce qui constitue le point essentiel, c'est-à-dire sur l'assaut final qui doit décider du succès de la bataille. Si une guerre éclatait en ce moment, toutes les armées se trouveraient, à ce point de vue, sous l'influence des contradictions qui existent entre les règlements, les résultats des manœuvres et les opinions que les écrivains militaires les plus distingués, tels que les généraux Skougarevski, von Rohne, Müller, Janson, etc., ont formulées d'après les expériences de tir.

Et l'on ne doit pas s'en étonner, car l'adoption de la poudre sans fumée et des fusils perfectionnés, dont la puissance est dix fois plus grande que celle des fusils d'autrefois, en même temps que l'instruction plus développée des hommes, munis d'outils qui leur permettent d'élever des retranchements en terre presque à chaque pas, ont changé toutes les conditions du combat.

Les pertes en officiers et par suite l'affaiblissement du commandement dans les troupes apparaissent aussi comme une conséquence directe de la suppression de la fumée sur le champ de bataille et de la grande précision des nouvelles armes qui permettra aux tireurs de choisir leurs victimes.

Cependant le rôle qui incombe à l'infanterie s'est compliqué.

Aux fantassins d'aujourd'hui il faudra aussi beaucoup plus d'endurance. Les marches s'exécuteront en colonnes profondes par suite de l'accroissement d'effectif des troupes : et le nombre de ces marches, précisément en raison de l'énormité des armées modernes, sera plus grand qu'autrefois — attendu que ces armées devront se fractionner pour vivre et cantonner, puis se grouper de nouveau sur le gros de leurs forces, à l'approche d'un ennemi supérieur en nombre.

De la sorte, les conditions des mouvements à exécuter pour engager la lutte, et celles du combat lui-même, se sont extrêmement compliquées, et cependant à la mobilisation, pour 100 soldats présents sous les drapeaux, on compte rappeler de la réserve de 260 hommes (Italie) à 361 hommes (Russie). La plupart de ces réservistes auront oublié ce qu'ils avaient appris au service, et parmi les officiers également, il n'y en aura qu'un petit nombre à la hauteur de leur tâche.

D'un autre côté, les nouvelles armes, non seulement augmentent le danger, mais paralysent l'action des secours médicaux : car les médecins et leurs aides ne seront pas en état d'organiser des ambulances dans le voisinage d'endroits qui seront criblés de coups, ne fût-ce que par les balles perdues de l'ennemi; il ne sera même pas possible d'enlever les blessés du champ de bataille pour leur donner des soins, puisque les fusils atteignent à 4 kilomètres et les canons à plus de 7. Enfin, les armées ne se composent plus de soldats de métier, mais se recrutent de père en fils parmi des citoyens paisibles qui n'ont aucune envie de s'exposer au danger. La propagande contre la guerre a pu orienter les esprits vers un autre but. On ne peut pas compter que les armées modernes seraient prêtes à affronter les périls et à supporter les privations au degré souhaité par les théoriciens militaires, à l'attention de qui paraissent échapper les courants d'idées qui règnent actuellement dans les sociétés de l'Europe occidentale.

Dans la guerre future, quelques combinaisons qu'on imagine, toujours un des partis se tiendra principalement sur la défensive, et si, après avoir repoussé une attaque, il passe à l'offensive pour achever la déroute de l'ennemi, il ne poussera pas ce mouvement bien loin parce qu'il se heurterait lui-même bientôt à des obstacles également infranchissables. Il est probable d'ailleurs que les deux adversaires devront souvent changer de rôles.

Effectifs des troupes.

Mais il n'en demeure pas moins établi, par les données recueillies en France, que pour assurer à une troupe, malgré les pertes subies au cours de l'attaque, un effectif encore égal à celui de la défense lorsqu'elle arrive à une trentaine de mètres de la position attaquée, c'est-à-dire assez près pour se lancer à la baïonnette, il faut lui donner un effectif initial 6,37 fois plus fort que celui de la défense; et cette proportion devrait s'élever à *huit fois*, si l'on voulait que l'égalité subsistât au moment même où les assaillants arriveraient au pied des ouvrages.

D'après les indications du général Skougarevski, en commençant l'attaque à 800 pas avec un effectif double de celui des défenseurs, on arrive, après avoir fait 300 pas, à n'avoir plus que la moitié de l'effectif de la défense. A forces égales, on peut laisser s'approcher les assaillants jusqu'à 200 mètres, et il suffit alors aux défenseurs de tirer les six cartouches contenues dans le magasin de leur fusil, pour anéantir leurs adversaires.

Le général prussien Müller, bien connu par de savants travaux, dit que, pour éviter une destruction complète, « les hommes devront marcher en ordre dispersé et, afin d'échapper autant que possible à la vue de l'ennemi, s'approcher en rampant, ou en se glissant à travers les inégalités du terrain et en se terrant comme des taupes ».

Tout cela nous conduit à conclure que relativement aux moyens d'attaque règne une incertitude complète.

Mouvements tournants.

Quant à obtenir des succès, comme on l'a pu dans le passé, et particulièrement pendant la campagne de 1870, au moyen de manœuvres et de mouvements tournants, il est peu probable qu'on y parvienne dans la guerre future.

D'abord il faudrait pour cela une grande supériorité de forces, et les armées seront presque numériquement égales. De plus, pour tourner par le flanc des positions ennemies, il faut les avoir soigneusement reconnues sous le feu même de l'adversaire; ce qui n'est nullement facile. Enfin, le défenseur, chassé du terrain qu'il occupe, opérera sa retraite par des routes sur lesquelles, ou bien il trouvera de nouveaux points d'appui, ou bien il se retranchera pour éviter de nouvelles pertes, pendant que des troupes fraîches viendront le renforcer.

Complication du mécanisme de la guerre.

En présence des conditions actuelles du combat, on se demande involontairement : Se trouvera-t-il, pour diriger la lutte et pour combattre, des chefs et des soldats doués des qualités nécessaires pour résoudre des problèmes aussi complexes, et venir à bout de difficultés qui semblent presque insurmontables? Et cependant, chaque année, le mécanisme de la guerre se complique; il se compliquera peut-être plus encore à l'avenir. On continue de fortifier les frontières et les armées se développent sans cesse. Ne serait-ce pas folie d'entamer une guerre, alors que les règles mêmes à suivre pour la conduite de l'attaque sont discutées, et qu'il reste, comme le fait le plus incontestable, qu'avec l'énorme puissance du feu d'aujourd'hui, la moindre erreur commise entraînera des conséquences désastreuses?

Après avoir étudié ainsi les problèmes les plus essentiels soulevés par le nouveau mécanisme de la guerre, nous sommes naturellement arrivé à nous poser cette question : N'y a-t-il pas contradiction entre cette recherche continuelle de moyens de destruction de plus en plus puissants et l'appel presque général sous les drapeaux de tous les adultes, particulièrement dans les pays où l'esprit du temps s'élève plus résolument contre le militarisme?

II

Le général comte Caprivi a dit au Reichstag que les peuples étaient
atteints de la « folie du nombre ». Et il est de fait que, depuis l'adoption
du service militaire obligatoire pour tout le monde, les puissances européennes sont toutes, sans exception, en état d'appeler sous les drapeaux
la presque totalité de la population mâle.

Les forces militaires des grandes puissances se présentent comme il
suit :

Allemagne.	2.550.000	hommes
Autriche-Hongrie.	1.304.000	—
Italie.	1.281.000	—
Total.	5.135.000	hommes
France	2.554.000	—
Russie.	2.800.000	—
Total.	5.354.000	hommes

Pour arriver à un tel résultat, les États ont sacrifié des milliards et,
chaque année, ils dépensent des sommes énormes pour maintenir l'appareil militaire qui leur permettrait d'utiliser tous leurs moyens.

Toutefois, les forces des différents pays depuis 1880 n'ont point changé
relativement les unes aux autres, malgré les efforts tentés par chacun
d'eux pour surpasser ses voisins.

Le service militaire universel, dans son application actuelle, a toutefois
cet avantage, qu'il porte en lui-même le germe de la suppression de la
guerre. Lors de l'appel des troupes sous les drapeaux, peuvent survenir
dans les divers pays des difficultés dont il est difficile de prévoir les conséquences.

Dans tous les cas, il est hors de doute que les gros effectifs des armées
modernes et leur mode d'équipement augmentent notablement la nécessité
de l'endurance chez les soldats.

Le fantassin est obligé de porter une charge qui va de 25 à 30 kilo-
grammes. Il n'aura pas le temps de s'y habituer graduellement ; il lui faut
immédiatement faire de longues marches qui feront tomber de fatigue une
bonne partie des hommes. Les médecins français soutiennent qu'après les
deux premières semaines de campagne, il y aura 100,000 hommes dans
les hôpitaux, sans compter les blessés.

Cantonner cette énorme masse d'hommes semble impossible et, dans les premiers temps précisément, les troupes auront à supporter les plus dures privations. A des masses aussi nombreuses, il est difficile d'assurer les vivres nécessaires, si rapidement qu'on puisse les réunir. Les ressources locales, sur les principales routes suivies, seront vite épuisées, et il faudra du temps pour organiser des magasins, puis amener jusqu'aux troupes ce qu'ils contiendront. **La mobilisation et ses dangers.**

On peut, dans une certaine mesure, se faire, d'après les manœuvres, une idée de ce qui se passera lors de la mobilisation. Or, en France, on a déjà constaté, de cette manière, l'insuffisance de préparation des officiers et la façon tout à fait médiocre dont les réservistes connaissent le service militaire. Au moindre obstacle, ils se transformaient en cohues désordonnées et tiraient mal, au point qu'il fut admis qu'en cas de guerre, il faudra encore les instruire pendant trois ou quatre semaines avant de pouvoir les employer, surtout à des opérations offensives. Il n'est guère de pays où ne se remarquent les mêmes défectuosités ; et si l'on n'en parle pas aussi ouvertement, c'est peut-être par prudence ou bien faute de perspicacité.

On peut dire que l'universalité des obligations militaires avec le service à court terme constitue un état de choses où se trouve en germe l'impossibilité même de la guerre — tant par suite de la difficulté de faire vivre des masses énormes de troupes qu'en raison des dommages causés à la production, de la probabilité des crises économiques et des pertes sociales, et enfin, tout simplement, de l'extrême difficulté de commander des armées composées de millions d'hommes. **L'impossibilité de la guerre.**

En même temps que croît la population s'accroissent aussi les armées; et puisque, dès maintenant, le fort effectif des troupes, avec la tactique et l'armement actuels, a rendu l'appareil militaire à ce point compliqué qu'il est devenu extrêmement difficile de diriger, nourrir et mener au combat les soldats sans commettre de bévue, on doit se demander si, avant peu, ce ne sera pas tout à fait impossible.

Plus un mécanisme est complexe, et plus intelligents doivent être les chefs chargés d'en diriger le fonctionnement, ainsi que les hommes placés sous leurs ordres. Plus s'est accrue la puissance des moyens de destruction, et plus il est nécessaire de compter avec les facteurs psychiques. Au milieu de l'imbroglio d'aspects et de situations diverses, de besoins et de dangers qui se manifesteront presque à chaque instant de la lutte, il n'y aura, d'après le général Dragomiroff, qu'une intelligence puissamment développée qui puisse s'y reconnaître. **Mécanisme trop complexe.**

Les masses énormes se subdivisent, au besoin, en corps distincts.

Dans la guerre future, les armées nécessaires pour agir sur les différents théâtres d'opérations sont évaluées par les spécialistes à un million d'hommes, formant un seul tout organisé. Pour permettre de déployer aisément une telle masse, il faut un front de 800 à 1,000 kilomètres (1).

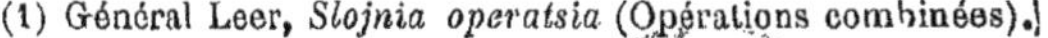

(1) Général Leer, *Slojnia operatsia* (Opérations combinées).

3

Ainsi l'effectif des armées surpassera notablement celui qu'elles avaient dans les guerres précédentes. Et de là résultera déjà une énorme complication de l'appareil militaire. Mais, en même temps que l'effectif des troupes, s'accroîtra la puissance des moyens de destruction. Celle des fusils est devenue 14 fois et celle des canons 40 fois plus grande.

Manque de chefs pour diriger la lutte.

Aux temps passés, le succès à la guerre dépendait du talent du commandant en chef et de la bravoure des troupes. A l'avenir, il dépendra encore de l'habileté des chefs des différents corps, de l'initiative et de l'énergie de tous les officiers, de l'exemple personnel qu'ils donneront aux hommes, et enfin du développement intellectuel des simples soldats eux-mêmes.

L'expérience aiderait beaucoup à diriger convenablement cette gigantesque machine. Mais où trouver des chefs expérimentés, puisqu'il n'y a pas encore eu de combats livrés dans des conditions semblables à celles d'aujourd'hui ?

Ces conditions sont telles, que fatalement la direction de la lutte devra échapper aux mains des officiers supérieurs, — sans même parler des généraux, — c'est-à-dire aux mains des commandants de régiment et de bataillon, pour passer dans celles des capitaines.

Immensité des champs de bataille.

Avant l'introduction des armes à longue portée, les champs de bataille n'étaient pas plus étendus que le terrain de manœuvres d'une brigade actuelle. Mais les champs de bataille futurs seront immenses ; d'où une bien plus grande variété dans la nature du sol qu'ils occuperont.

L'esprit le plus génial est impuissant à embrasser et combiner les masses de détails, d'obligations et de circonstances qui se présenteront dans cette vaste étendue. La réception des renseignements et l'envoi des ordres rencontreront mille difficultés au milieu du trouble général qui régnera pendant l'action.

La situation sera d'autant plus délicate que rarement on pourra concentrer entièrement ses forces avant le combat ; le plus souvent, beaucoup de corps n'arriveront qu'au cours même de l'affaire. De là résulte que l'initiative des commandants de division jouera forcément un grand rôle. Les guerres du xviiie siècle n'exigeaient qu'un seul chef d'armée, tandis que la tactique actuelle, plus mobile, en exigera autant qu'il y a en réalité de fractions de troupes obligées d'agir par elles-mêmes.

Manque d'expérience.

Et cependant, il n'existe pas de généraux auxquels il soit déjà arrivé de conduire au combat de telles masses, — outre que l'expérience n'a jamais été faite d'approvisionner des troupes en vivres et munitions dans des conditions approchant de celles qui seront nécessaires dans l'avenir. Et si, en face d'un problème aussi complexe, le commandant en chef se montre incapable, il en résultera des pertes énormes avant qu'on ait pu le remplacer.

Par suite de l'importance croissante qu'aura, en présence d'un tel état de choses, le rôle des officiers dans la guerre future, des efforts ont été faits dans toutes les armées européennes pour arriver à tuer, le plus sûrement possible, ceux de l'ennemi.

Déjà, dans les dernières guerres, alors que n'était pas encore posée en principe la nécessité de mettre avant tout hors de combat les officiers de son adversaire, l'expérience a fait voir avec quelle rapidité pouvaient s'user les cadres sur le champ de bataille; vers la fin de la guerre franco-allemande, tels demi-bataillons et parfois tels bataillons entiers n'avaient plus à leur tête que des officiers subalternes de la réserve ou même de simples sous-officiers; dans une division bavaroise, en décembre 1870, il ne restait plus en tout qu'un seul capitaine de l'armée permanente.

Principe de mettre hors de combat les officiers.

On peut trouver des indications édifiantes, relativement à la guerre future, dans la campagne du Chili, quoiqu'il n'y eût alors d'armées de fusils à petit calibre, qu'une partie seulement des troupes de l'un des partis.

Le pour cent élevé des pertes en officiers constatées pendant cette guerre montre combien coûtera cher la direction des masses pendant les batailles. Mais d'autre part l'expérience de 1870 a prouvé que, si les chefs ne sont pas là pour donner l'exemple, les hommes ne marchent pas à l'attaque.

Et s'il en était ainsi à cette époque, que sera-ce dans la guerre future, quand, pour chaque centaine de soldats de l'armée permanente, on comptera dans les rangs le double ou le triple de réservistes, dont la plupart auront oublié ce qu'ils avaient appris sous les drapeaux? Et parmi les officiers aussi, une faible partie seulement seront à la hauteur de leur rôle.

Et cependant, contrairement à ce qui avait lieu dans les guerres passées, c'est à eux que reviendra toute la direction du combat.

Insuffisance du commandement.

Ainsi donc, toute entreprise militaire, rien que par suite de l'insuffisance du commandement, sera terriblement risquée, et seuls les partisans téméraires de la « politique d'aventures » pourraient maintenant se résoudre à pousser jusqu'à la guerre les différends internationaux.

Tout cela nous démontre quelles difficultés rencontreront la cavalerie, l'artillerie et l'infanterie.

En examinant chacune d'elles séparément, nous avions déjà vu que, faute d'expérience, et par suite de l'impossibilité de juger d'après l'exemple des guerres passées, ces divers modes d'action ne se manifestaient pas très clairement. Il est naturel, par conséquent, que les opérations d'ensemble présentent un tableau rempli de surprises.

Parmi les conditions qui doivent influer sur les combats de l'avenir, il faut citer, en première ligne, l'énorme portée des armes et le peu de fumée de la poudre. Du premier fait il résulte que le combat commencera à de grandes distances et que le champ de bataille s'étendra démesurément, et par suite du second, il deviendra impossible aux deux partis de déterminer, dès le début, la situation et les forces de l'ennemi.

Combats de l'avenir.

En général, comme conséquence des modifications successives importantes pour le combat, telles que : l'absence de fumée, la longue portée et la puissance du feu, l'impossibilité de s'orienter sur la fumée et de recevoir des renseignements en temps utile, celle aussi de tenir ses réserves sous la main, de connaître le moment exact de les engager, enfin l'instruction donnée maintenant à toutes les troupes sur la façon d'élever des ouvrages en terre, — on peut dire que les batailles seront très longues.

Autrefois, quand elles ne duraient que quelques heures, très rarement plus d'un jour, et que les engins de destruction étaient moins perfectionnés, le chiffre des pertes pouvait être à peu près prévu d'avance. Mais, relativement à la guerre future, nous n'avons que de bien faibles indications et une seule expérience, celle de la guerre du Chili, en 1891, qui même ne s'est faite que dans des conditions exceptionnelles.

Pourtant cette question des pertes a une extrême importance, car elle se rattache à une autre : celle de savoir si, dans l'état actuel de l'art militaire, on pourra obtenir par la guerre des résultats tels que ce terrible moyen demeure, comme précédemment, l'argument final, l'*ultima ratio*, pour trancher définitivement les conflits d'intérêt des nations.

Pour élucider toutes ces questions, essayons de représenter d'après les batailles du passé celle « de l'avenir », c'est-à-dire tâchons d'en faire un tableau vraisemblable en tenant compte des moyens techniques actuels dont on dispose, tant de jour que de nuit, et des opérations des corps de partisans.

Comparaison du passé avec le présent.

Jadis il était relativement facile, même en cas d'échec, de tenir les hommes dans la main. Le service à long terme et les règles de la tactique faisaient du soldat un automate. Aux manœuvres et à la guerre se mouvaient des masses, puissantes par leur obéissance passive.

Actuellement, au contraire, le soldat doit presque toujours marcher et combattre en ordre dispersé ; d'où suppression de l'influence exercée par la masse même sur chacune des unités qui la composent.

Aussi n'est-ce pas seulement la tâche du commandant en chef, mais celle des commandants en sous-ordre et des officiers en général, qui s'est notablement compliquée par suite de la dispersion des troupes, de leurs formations en ordre ouvert, et enfin de la difficulté d'orientation, qui résulte du peu de fumée de la poudre.

Pendant la guerre de 1870, une des causes qui contribuèrent le plus à la victoire des Allemands fut la supériorité considérable d'initiative dont leurs officiers firent preuve sur les officiers français. Pourtant, que serait-il arrivé si l'armée française n'eût pas été, dès le début de la campagne, d'un effectif bien plus faible que l'armée allemande, et s'était trouvée, ne fût-ce qu'en partie, à la hauteur de son rôle ?

Voici ce qu'écrit le général prussien Janson : « Les campagnes de 1866 et 1870 ont été caractérisées du côté des Allemands par un effort général à aller de l'avant et un extrême déploiement d'initiative de la part des chefs en sous-ordre, jusqu'aux commandants de compagnie inclusivement. Ce qui produisait une telle dissémination du commandement que, si les premières attaques n'avaient pas réussi, le plus grand danger pouvait en résulter pour l'assaillant ».

Bataille de rencontre et bataille voulue.

Examinons comment les choses se passeront de nos jours.

Dans son ouvrage sur la *Nation armée*, von der Goltz décrit une bataille de rencontre et montre ensuite les différences que présente avec elle la bataille voulue par le commandant en chef. On comprend que, dans la première, « l'œil » du commandant en chef joue le principal rôle, ainsi que sa rapidité d'appréciation des circonstances complexes et sa promptitude de décision : « Dans une telle situation, dit-il, celui-là fera pencher la balance en sa faveur, qui plus vite que son adversaire arrêtera ses résolutions et jugera mieux que lui de la marche ultérieure de l'affaire. » Dans la bataille « livrée avec intention », au contraire, tout est arrêté et préparé d'avance, les plans sont déterminés par la direction générale de la guerre, bien que les circonstances puissent obliger à s'en écarter partiellement sur certains points, ce qui exige encore, chez le commandant en chef, la faculté de se rendre promptement compte de la situation.

Ce tableau ne donne pas l'idée de ce que sera la bataille de l'avenir.

Dans une brochure intitulée : *La poudre sans fumée*, qui eut une certaine notoriété, le colonel français B... s'exprime ainsi :

« Si l'ennemi n'a que des renseignements vagues sur la position de son adversaire, forcément il devra s'avancer en ordre de marche, attendant pour se déployer qu'il possède des notions précises sur la situation de la ligne ennemie.

« Mais d'où tirera-t-il les indications qui lui sont nécessaires ? Les têtes de colonne seront canonnées violemment et avec précision ; il aura déjà subi des pertes considérables, et aucun indice révélateur ne viendra lui apprendre d'où partent les coups. En vain regardera-t-il, en vain écoutera-t-il, il ne verra rien, et il entendra à peine un grondement sourd d'artillerie lui indiquant bien que l'ennemi est dans telle direction, mais où exactement ? sur quel point ? à quelle distance précise ? Ne sera-t-il pas bien véritablement dans cette situation dont parle l'Écriture : *Oculos habent et non videbunt, aures habent et non audient ?*

« Si l'assaillant a des indications précises sur la position de l'ennemi, comme c'est vraisemblablement le cas relativement au champ de bataille que nous envisageons, sa situation sera plus favorable sans doute, mais le sera-t-elle beaucoup plus ? Nous hésitons infiniment à répondre par l'affirmative.

« En admettant qu'il ait pu reconnaître de longue main, par des reconnaissances faites en temps de paix par des espions, par toutes sortes de moyens plus ou moins avouables, les emplacements probables, possibles des troupes et des batteries, un aléa considérable ne plane-t-il pas sur l'occupation réelle de ces emplacements, de ces positions ? Et alors l'assaillant ne courra-t-il pas grand risque de brûler sa poudre aux moineaux, de faire un gaspillage dangereux de munitions, en ouvrant son feu sur des buts aussi vaguement déterminés ?

« Ainsi la poudre sans fumée entraîne une prolongation des recherches, de l'incertitude, et peut-être des pertes, avant que le commandant en chef ait pu se rendre compte de l'état réel des choses. En supposant que l'assaillant ait devant lui un adversaire actif et intelligent, la période des hésitations peut entraîner des pertes énormes pour l'attaque. »

Mais tout cela ne se rapporte encore qu'au début de l'action. Pour le moment où la bataille bat son plein, nous avons le tableau composé par le capitaine Nigote. Ce n'est, il est vrai, qu'un produit de l'imagination, puisque les nouveaux engins de destruction n'ont pas encore été employés simultanément dans une affaire réelle. Pourtant ici, l'imagination n'a travaillé qu'en s'appuyant sur une connaissance parfaite du sujet ; et le tableau de Nigote est tout aussi digne d'attention que d'autres hypothèses théoriques moins nettement exprimées.

« On est à 6,000 mètres de l'ennemi. Les canons sont arrivés en position et dans les batteries a retenti le commandement : Feu ! — L'artillerie adverse répond. Les obus fouillent le sol et éclatent, mais bientôt chaque pièce a rectifié son tir et trouvé sa distance : la lutte devient intense. Désormais, chaque projectile lancé éclatera en l'air, au-dessus des têtes et sèmera deux cent cinquante éclats et balles sur des surfaces couvertes de troupes. Hommes et chevaux sont écrasés sous cette pluie de fer et de plomb. La supériorité restera au pointeur le plus habile et le plus expéditif. — Les canons se tuent entre eux, les batteries s'écrasent entre elles, les caissons se vident. L'avantage demeure ainsi à celui dont le feu ne chôme pas. Et sous ces ouragans, sous ces tempêtes, les bataillons vont s'aborder.

« On n'est plus qu'à 2,000 mètres ! Déjà les balles de petit calibre, fines, coquettes, argentées, pointues, sifflent et tuent, frappent et traversent, ricochent et brisent ; les salves se succèdent et des nappes de balles, denses comme la grêle, rapides comme la foudre, inondent le champ de bataille.

« Les canons qui ont tué les canons d'en face, libres alors, attaquent les bataillons. Ils lancent sur les groupes la brutale pluie de fer et les cadavres jonchent la terre ensanglantée.

« Les lignes poussent les lignes, les bataillons poussent les bataillons, les réserves arrivent, et pourtant, entre les deux armées que les balles et les obus fauchent, s'étend encore une longue bande, large de mille pas, qu'aucun vivant ne peut franchir.

« Les munitions s'épuisent, les millions de cartouches et les milliers d'obus couvrent la terre hachée de leurs étuis de cuivre, de leurs tôles déchirées, de leurs éclats tranchants... et le feu continue toujours... toujours... tant que les caissons vides seront remplacés par d'autres.

« Les obus à la mélinite pulvérisent les fermes, les hameaux, les villages ; ils démolissent et anéantissent tout ce qui est un abri, un refuge ou un obstacle.

« Déjà la moitié des combattants râle et meurt, les blessés et les morts forment comme deux remparts parallèles, épais, distants de mille pas, que les projectiles labourent, que la mitraille met en miettes et que les vivants ne peuvent franchir.

« La bataille continue, acharnée. Mille pas séparent toujours les deux armées.

« A qui la victoire ? A personne ! »

La conclusion est très juste, car il est bien vraisemblable que les deux partis s'attribueront la victoire.

La guerre de 1870 nous fournit d'ailleurs déjà des exemples de batailles sans résultat décisif. Ainsi sous Metz il y a eu trois combats, qui ne furent, à proprement parler, que les trois actes d'une seule grande bataille. Mais qui fut vainqueur sous Metz, au point de vue du succès d'une attaque décisive? En réalité, — personne. La supériorité de l'artillerie allemande fut manifeste, mais aussi celle de l'infanterie française avec le fusil Chassepot. Malgré des efforts héroïques des deux côtés, ni l'une ni l'autre armée ne put « battre » l'armée adverse, dans le sens ancien, clair et évident du mot.

Liebert, écrivain allemand d'une certaine réputation, fait observer : « Autrefois, on disait : le champ de bataille est à nous, l'ennemi est en fuite, taillons-le en pièces ! Et ce cri courait d'une aile à l'autre de l'armée; et cela ranimait les membres fatigués. Instinctivement, on donnait de l'éperon à sa monture et le chef songeait à tirer le plus grand parti possible de sa victoire, à infliger à l'ennemi le plus grand désastre. Maintenant les choses se présenteront bien différemment. »

L'infanterie, qui aura supporté pendant une demi-journée le feu destructeur d'aujourd'hui, sera réduite à l'impuissance, et, en raison de l'espace énorme occupé par l'armée, les réserves qui arriveront à la fin de l'action ne seront plus fraîches.

Quant à la cavalerie, elle sera tellement loin, pendant le fort du combat d'artillerie et de mousqueterie, que, pour la lancer contre l'ennemi qui bat en retraite, il faudrait, par suite de la puissance du feu, la maintenir au galop de charge pendant deux bons kilomètres !

La difficulté qu'offre l'exécution des attaques directes, en présence du feu actuel, a fait naître l'idée d'attaquer l'ennemi à la faveur de la nuit. Certains écrivains militaires attribuent une grande importance aux attaques de nuit; d'autres, au contraire, les trouvent, pour diverses raisons, impraticables.

L'histoire militaire de notre temps en offre un brillant exemple, le combat de Gorny-Doubniak, le 12/24 octobre 1877. Après de grandes pertes, les troupes russes ne pouvaient plus continuer l'offensive; elles s'étaient arrêtées sur les positions occupées, à proximité des retranchements ennemis; mais à la chute du jour, elles se lancèrent sur la redoute et l'emportèrent sans éprouver de pertes nouvelles bien sérieuses.

Le général Dragomiroff attribue aux attaques de nuit cet avantage, que l'assaillant peut rester quelque temps inaperçu et surprendre ainsi l'ennemi, dont le feu se trouve par là même annulé ; ce qui permet de se servir de la baïonnette. Le général observe également que des affaires comme l'assaut de Kars et le combat de Karagatch, où, du côté des Turcs, il y avait une énorme supériorité de forces, ne sont possibles que de nuit ; et il estime qu'en raison des terribles effets du feu moderne, il faut instruire les hommes à opérer dans les ténèbres. Le général Kouropatkine, aussi, insiste sur l'avantage des attaques nocturnes, tout en admettant qu'il est plus facile de les réussir avec de petits détachements et que, pour les exécuter, il faut des troupes d'élite.

Au contraire, les auteurs étrangers, pour la plupart, n'attendent rien de bon des attaques de nuit.

Quoi qu'il en soit, on prend, dans toutes les armées, des dispositions en vue d'opérer nuitamment. On a imaginé des bombes éclairantes lancées par les mortiers et dont la charge brûle de une à deux minutes, suivant le calibre ; puis des projecteurs de lumière, pouvant faire apercevoir une maison à 5.000 mètres de distance et à l'aide desquels on peut, à partir de 800 mètres, observer le plus petit mouvement des troupes ennemies.

Il n'est pas douteux que la simple pensée des attaques de nuit ne fasse naître l'inquiétude parmi les troupes. Aux temps passés déjà, il s'est produit des fausses alertes et des paniques ; elles seront vraisemblablement plus fréquentes dans les luttes futures, puisque la guerre elle-même est devenue plus dangereuse et que les hommes d'aujourd'hui sont plus nerveux ; — outre qu'avec la brièveté du service actuel, le soldat ne peut plus être « trempé », comme l'étaient les hommes du service à long terme. Sous le rapport de la plus ou moins grande nervosité, on peut admettre que la supériorité sera du côté du soldat russe. L'endurance montrée par les troupes russes, lors du passage des Balkans pendant l'hiver de 1877-78, a émerveillé les étrangers. Le général prussien von Keller trouve que ce qu'ils ont accompli alors était « au-dessus des forces humaines ».

Longue durée des batailles. Nous avons vu que des écrivains autorisés, comme le général prussien Janson, le professeur français Langlois, prévoient des batailles d'une durée de plusieurs jours ; même le capitaine français et ancien professeur Nigote pense qu'elles dureront trois, quatre et peut-être quinze jours. D'autres spécialistes et, parmi eux, l'écrivain bien connu Fritz Hœnig, ne trouvent nullement improbable un retour au temps des sièges. Belgrade, Mantoue, Plewna peuvent se répéter. Il est très possible que l'assaillant, incapable de remporter une victoire décisive, s'efforce de renfermer l'ennemi dans la position où il le trouve, en élevant lui-même des retranchements ; après quoi il commencera à faire des sorties pour s'opposer aux tentatives de réapprovisionnement des assiégés, jusqu'à ce que ceux-ci soient réduits par la famine.

Et n'est-ce pas là ce qu'on est conduit à prévoir quand on songe que, malgré l'infériorité de leur armement, même les mobiles français mal instruits de 1870, ne purent être que rarement battus du premier coup, et que, le lendemain d'une bataille, il fallait habituellement les chasser d'une position nouvelle qu'ils avaient occupée !

Les forteresses. Les forteresses exerceront donc sur le caractère de la guerre future une influence bien plus grande que celle constatée jusqu'ici. Au temps passé, il existait bien des places fortes dans les situations stratégiquement les plus importantes ; mais ce n'étaient que des points isolés, organisés seulement pour la défense passive. Tandis que, maintenant, tous les passages les plus importants sont commandés par des forteresses et des camps retranchés capables de renfermer des masses de troupes, telles qu'on ne puisse songer à les tourner. Et, en outre, des chemins de fer et des routes ont été construits qui permettent d'effectuer, dès l'instant même de la déclaration de guerre, le transport rapide des troupes et même leur déplacement d'un point à un autre, si la concentration des forces ennemies en montrait la nécessité.

Ayant ainsi armé leurs frontières, les États considèrent comme plus que probable qu'il leur sera possible de résister à l'ennemi avec des forces bien moindres que celles dont il disposera, et de compenser ainsi tous les avantages que l'adversaire pourrait tirer d'une plus grande rapidité de mobilisation.

Mais si puissants que soient les moyens actuels de défense, la technique a imaginé, pour agir contre eux, des engins si destructeurs, qu'on s'est déjà demandé jusqu'à quel point les forteresses satisferont, dans la guerre future, à leur destination.

Pour nous, la question de savoir si les forteresses répondront ou non à ce qu'on attend d'elles est de première importance. Les conséquences économiques de la guerre différeront entièrement suivant que les troupes assaillantes seront arrêtées assez longtemps à la frontière, par un adversaire luttant derrière des positions fortifiées à l'avance, ou qu'au contraire, l'assaillant franchira promptement la ligne de défense et, après avoir repoussé l'ennemi profondément à l'intérieur du pays, pourra occuper, tout de suite, une grande partie de son territoire.

Tous les exemples du passé et même ceux des deux dernières campagnes ne nous apprennent pas grand'chose sur ce point, au sujet de la guerre future.

Depuis lors, d'une part, la technique de l'armement des places a fait des progrès énormes, et, de l'autre, celle de l'attaque ne s'est pas moins développée.

Voilà pourquoi, ici, nous ne pouvons donner que des conclusions générales.

Plus une forteresse est importante, plus il est difficile à l'ennemi de la tourner, parce que, s'il s'y trouve des forces susceptibles d'être employées offensivement, elles menaceraient les communications de l'envahisseur. Quant à se garantir contre une place forte en se contentant d'établir des corps d'observation devant elle, c'est chose impossible, car si le commandant de cette place forte est un homme d'action, il attaquera et dispersera les troupes d'observation. Quant à l'investissement des grandes forteresses dont la garnison peut entreprendre de fortes sorties, c'est chose qui demande des troupes nombreuses et beaucoup de temps.

Actuellement l'opinion est très répandue parmi les ingénieurs et les artilleurs, qu'en raison du perfectionnement de l'artillerie actuelle, les forteresses ne seront pas assiégées méthodiquement, et qu'on les attaquera à force ouverte. Mais tous les arguments des partisans de ce système s'appuient sur des considérations plutôt tactiques que techniques. **Attaque des forteresses de vive force.**

La guerre nord-américaine de 1861-1864, la guerre franco-prussienne de 1870-71 et la guerre russo-turque de 1877-78 ont fourni assez d'exemples de ce qu'il faut d'efforts et de victimes, pour venir à bout d'un adversaire qui sait tirer parti des ouvrages de défense construits à l'avance et de ceux qu'il leur ajoute ensuite. Que sera-ce dans la guerre future, quand le défenseur s'appuiera sur tout un système de fortifications préparé d'avance pour défendre un pays ?

Or, des milliards ont été dépensés en Allemagne et en France depuis 1870, en Russie depuis 1882, en Italie, en Autriche, en Belgique et en Suisse plus récemment encore, pour rendre les frontières de ces pays inaccessibles et pour qu'au cas où l'ennemi viendrait à les franchir, tout fût prêt pour lui résister sur d'autres points de défense disposés en arrière.

Agrandissement des lignes frontières

Non seulement les frontières de tous les États sont semées de forteresses, mais, en outre, des forces nombreuses sont, dès le temps de paix, stationnées à proximité ; et pour amener à celles-ci les hommes rappelés pour compléter leurs effectifs, il existe une telle quantité de chemins de fer que, dès le premier moment, les armées seront presque immédiatement en présence l'une de l'autre, et que l'espace laissé libre par leurs mouvements sera très restreint. Dans ces conditions, il faudra qu'à l'avenir toutes les opérations soient amenées à un degré de préparation inconnu jusqu'ici, surtout en ce qui touche au franchissement des lignes frontières.

En présence des centaines de milliers d'hommes qui peuvent se concentrer rapidement sur ces lignes frontières, il ne faut pas songer à les franchir sans toute une série de combats.

La guerre future, quoi qu'on en puisse dire, sera une lutte qui se livrera derrière des positions fortifiées et qui, par là même, sera très longue.

Esprit des armées.

Nous avons donc dû nous poser cette question : Quel pourra être l'état d'esprit des masses armées actuelles, en cas de défaite, et même en cas de victoire, si la lutte se prolonge trop ? Quel effet les nouvelles venant du théâtre des hostilités produiront-elles sur le reste de la population, qui se trouvera aux prises avec les effets ruineux de la guerre ? A quelles perturbations peut-on s'attendre après la fin de celle-ci, quand les millions de soldats, levés pour la faire, rentreront dans leur maison vide et dévastée ?

Nous avons cherché à recueillir des données permettant d'élucider ces problèmes ; et nous avons pris séparément les éléments constituants, en nous appuyant à la fois sur des exemples et sur les modifications survenues dans la composition des troupes, l'armement et la tactique. Mais nous avons constaté que si l'on peut déduire de ces données toute une série de comparaisons sur le degré des différentes qualités possédées par telle ou telle nation armée, il est difficile, il est même impossible de formuler, avec quelque netteté, une appréciation sur l'ensemble ; et cela d'autant plus que l'état des esprits sera différent suivant que la guerre sera défensive ou offensive.

Aussi, pour plus de simplicité et de clarté, avons-nous essayé de déterminer, par des rapports numériques approchants, les différents caractères qu'il est permis de reconnaître aux troupes des principales puissances, au double point de vue de leur emploi pour l'attaque ou pour la défense. En un mot, nous avons usé ici d'un procédé appliqué dans les statistiques qui concernent la moralité, l'instruction et l'état sanitaire en différents pays : nous avons fait des comparaisons au moyen de rapports approximatifs, exprimés en chiffres, et qui représentent la valeur attribuée aux différentes armées, comme aptitude pour les opérations offensives et défensives.

Comme unité de comparaison, nous avons pris le chiffre 100 qui doit exprimer le maximum d'une aptitude.

Cette comparaison par les chiffres a été établie d'après les éléments qui suivent : 1° faculté de se plier à une nouvelle situation militaire ; 2° composition et recrutement du corps d'officiers ; 3° faculté d'initiative ; 4° endurance à supporter les fatigues et les privations ; 5° discipline ; 6° absence de tendances égoïstes nuisibles au bien général ; 7° confiance dans les chefs et les camarades ; 8° âge, état d'esprit et mode de recrutement des hommes de troupe ; 9° confiance dans la valeur de l'armement ; 10° courage.

Comme résultat final, nous avons obtenu les chiffres suivants, qui peuvent caractériser à peu près la valeur comparative, au combat, des troupes des principales puissances européennes :

Valeur
comparative au
combat
des principales
puissances
européennes.

	Dans l'attaque		Dans la défense	
	Troupes de 1re ligne	Troupes de 2e ligne	Troupes de 1re ligne	Troupes de 2e ligne
Allemagne	95	80	98	86
Autriche	80	68	86	76
Italie	65	51	74	59
France	72	59	85	72
Russie	88	80	94	86

La guerre future ne se terminera point, selon toute vraisemblance, par cela seul qu'un plus ou moins grand nombre de gros succès auront été remportés par un parti sur l'autre, mais bien parce que la machine militaire se sera disloquée, précisément sous l'influence de causes économiques et sociales.

Dans les conditions actuelles, en Angleterre, en Italie, en Autriche, en Russie, en Allemagne, en France, — dans tel pays pour un motif, dans tel autre pour une autre raison, — il se manifestera des phénomènes qui forceront à conclure la paix avant d'avoir atteint les objectifs que la guerre avait en vue.

Pourra-t-on se
procurer les
ressources
nécessaires à la
guerre ?

En raison de l'appel sous les drapeaux de la population masculine adulte presque entière, comme aussi par suite de l'interruption des communications maritimes, de l'arrêt du commerce et de l'industrie, de l'élévation du prix de tous les produits nécessaires à la vie et des paniques éprouvées par la population, les revenus des particuliers et le crédit public s'abaisseront forcément. Au point qu'on peut douter qu'il soit possible à tous les États de se procurer, dans les limites de temps indiquées par les spécialistes militaires, les ressources suffisantes, tant pour entretenir leur armée et satisfaire aux besoins de leur budget, que pour faire vivre la population civile demeurée sans salaires.

Et comme, en raison des alliances conclues, tous les plans d'opération reposent sur les mouvements simultanés des troupes alliées, qu'adviendra-t-il de ces combinaisons militaires entre les armées des différents pays, dès l'instant que l'un ou quelques-uns d'entre eux se verront contraints de cesser d'agir avant les autres ?

Si ces questions n'ont pas encore été suffisamment approfondies, c'est peut-être justement parce que les autorités militaires n'étudient que les guerres passées et ne se rendent pas assez compte de cette vérité que la guerre future présente, au point de vue économique et social, des conditions entièrement nouvelles ; mais ces conditions, à leur tour, influeront sur la façon même de conduire les opérations militaires.

Les armées modernes, avec leurs nombreux millions d'hommes, ne pourront plus, comme autrefois, vivre et se procurer tout ce qui leur sera nécessaire en puisant surtout dans les ressources locales. Ces armées ne pourront opérer qu'à la condition de se réapprovisionner constamment aux bases organisées à l'intérieur même de leurs pays respectifs.

L'insuffisance des ressources, ou même seulement l'impossibilité de se les procurer à temps, par suite de la suspension des communications ou à cause du mauvais fonctionnement de l'administration, amèneraient dans les armées, avec leur effectif actuel, la faim et les privations, dont l'effet permettrait à l'ennemi d'atteindre le but qu'il poursuit avec moins de danger et plus vite qu'en combattant. Aussi, dans la guerre future, pourra-t-il fort bien naître, — chez certaines nations, après une lutte qui aura coûté trop de victimes, chez d'autres par suite de leur confiance dans leur supériorité d'organisation, — l'idée de ne compter, pour décider de l'issue de la campagne, que sur l'épuisement des ressources de l'ennemi, en n'employant les armes contre lui que comme moyen auxiliaire.

Mais de tels calculs risquent de se trouver déçus, attendu qu'une grande guerre, avec les engins modernes employés pour la faire, peut très bien entraîner dans son orbe de destruction tous les États qui y prendront part, ce qui rend possibles les éventualités les plus imprévues.

Facteurs économiques et psychologico-sociaux. Dans ces conditions nous avons cru nécessaire de réserver, dans notre examen des plans d'opérations militaires, une place assez importante aux facteurs économiques et psychologico-sociaux qui peuvent influer sur le choix de tel ou tel mode d'action et sur la marche même de la guerre.

Et ici, nous avons encore eu recours au même procédé déjà employé dans notre étude sur la composition et l'esprit de l'armée pour apprécier les qualités des troupes de tel ou tel pays : c'est-à-dire l'évaluation chiffrée comparative, en exprimant par 100 la force de résistance complète de tel ou tel élément à l'influence destructive de la guerre ; et, nous avons également motivé les divers chiffres adoptés.

Pour la justesse absolue des conclusions, il faudrait apprécier séparément chacune de ces influences spéciales, car elles sont, en général, d'inégale valeur. Mais ce serait difficile, parce que cette valeur sera très différente suivant la situation créée par la guerre elle-même, et dépendra de circonstances accidentelles.

En inscrivant dans un tableau les chiffres *approximatifs* qui expriment, selon nous, le degré de résistance que peuvent opposer les grandes puissances du continent aux influences destructives d'ordre économique et social, et en déduisant de ces chiffres la valeur moyenne de résistance de chacun d'eux, nous avons obtenu les résultats suivants :

Chiffres de résistances aux influences destructives économiques.

Degré de résistance	Allemagne	Autriche	Italie	France	Russie
Contre l'arrêt des sources de revenus de la population....	50	85	75	60	100
Contre l'épuisement des ressources de la population....	80	60	55	100	60
Contre la famine .	78	90	70	80	100
En face de la domination des éléments urbains et des mouvements socialistes..............	80	90	70	60	100
En face des secours nécessaires aux familles des réservistes appelés sous les drapeaux.............	70	70	60	80	90
En face du manque d'habitude de solidarité sociale.........	80	80	50	60	70
Aux conséquences économiques des cas de mort et de mutilation survenus dans les troupes pendant la guerre.........	90	85	85	60	100
A l'impossibilité de mener la guerre à bonne fin, faute de ressources financières	90	70	60	100	80
Degré de résistance à l'ensemble de toutes les causes sus-indiquées	76	79	65	75	88

Plans de campagne. Si l'on pèse simultanément les huit sortes d'influences indiquées ci-dessus, on ne peut manquer d'arriver à conclure que, comme chaque peuple a son côté faible, il est impossible de songer à faire durer une guerre pendant les deux ans que les spécialistes jugent nécessaires pour obtenir des résultats. La plupart des nations ne la supporteraient même pas une seule année.

Durée de la guerre. En considérant les forces qui seront mises en ligne des deux côtés, dans des proportions qu'on n'a encore jamais vues, et les règles tactiques exigées par le nouvel armement, de Moltke a formulé, dans ses Mémoires, l'opinion suivante :

« Nous admettons qu'on ne verra pas se renouveler la guerre de Trente Ans, ni celle de Sept Ans. Néanmoins, quand des millions d'hommes s'aligneront les uns en face des autres et se livreront un combat acharné pour leur existence nationale, il est difficile d'admettre que la question se résolve par quelques victoires. »

Le général Leer s'exprime plus catégoriquement : il admet que la guerre durera d'un à deux ans.

Toutefois, depuis que cette indication a été formulée, les armées ont presque doublé et les conditions de leur conduite se sont encore compliquées ; par conséquent, on doit considérer la durée indiquée par le général Leer comme un minimum.

Il est donc assez probable que la conclusion de la paix aura lieu non pas tant par suite de victoires qu'en raison de l'épuisement des forces opposées.

Le général von der Goltz, dans la 5ᵉ édition de son ouvrage classique, la *Nation Armée*, paru cette année, se range à notre opinion, et dit que la guerre se terminera probablement non pas à la suite du manque d'hommes, mais par l'épuisement mutuel des ressources nécessaires à son alimentation.

En tout cas, les alliances se dissoudront avant que n'aient été atteints les objectifs poursuivis par la France ou par l'Allemagne.

Rapports entre l'attaque et la défense. Pour s'en convaincre, il faut avant tout insister sur les modifications qui, par suite du perfectionnement des armes et de la composition actuelle des armées, se sont produites dans les rapports entre l'attaque et la défense.

Tous les progrès ont tourné au profit de cette dernière ; et la théorie de la supériorité de l'offensive, déduite des guerres précédentes, a perdu de son importance, par suite de la transformation radicale d'éléments fondamentaux comme l'armement des troupes et le système de fortifications.

Nous avons ensuite examiné en détail jusqu'à quel point tel ou tel mode d'opérer correspond à l'état d'esprit des diverses armées. Et nous sommes arrivé à trouver entre celles-ci, au profit de la défense, les différences ci-contre :

	Troupes de 1re ligne	Troupes de 2e ligne
	Supériorité de qualités dans la défense	
En Allemagne	3 0/0	6 0/0
En Autriche	6 0/0	8 0/0
En Italie	9 0/0	8 0/0
En France	13 0/0	13 0/0
En Russie	7 0/0	7 0/0

Ces chiffres montrent que, dans certains pays, comme par exemple, la France, l'Italie et la Russie, la différence en faveur de la défense est très appréciable.

Passant au deuxième élément fondamental qui sert à l'établissement des plans de campagne, c'est-à-dire à l'effectif des forces offensives et défensives dont les puissances disposent, nous nous sommes arrêtés aux totaux suivants, établis d'après les données qui nous ont semblé les plus vraisemblables.

L'effectif général des troupes de toutes catégories, plus ou moins prêtes à la guerre, qui auraient pu être mises sur pied en 1896, et le nombre de canons dont ces troupes eussent disposé s'élevaient :

	Milliers d'hommes.	Canons.
En Allemagne, à.	2.550	4.552
— Autriche-Hongrie, à	1.304	2.696
— Italie, à.	1.281	1.764
Total.	5.135	9.012
En France, à	2.564	7.320
— Russie, à	2.800	4.952
Total.	5.364	12.272

Si, maintenant, nous examinons l'éventualité d'une collision entre la Double et la Triple-Alliance, et si nous admettons *à priori* la neutralité de l'Angleterre et des puissances secondaires de l'Europe, nous arrivons à des résultats qui autorisent à dire que la guerre, dans les conditions actuelles, ne pouvant pas avoir d'autre issue qu'un épuisement mutuel des nations, est devenue une utopie.

En 1896, les États de la Triplice pouvaient mettre sous les armes 5,130,000 soldats ; la France et la Russie 200,000 hommes de plus. Il est très probable que la neutralité de la Belgique et de la Suisse seraient respectées, car la violer serait s'exposer à de grandes pertes. Il faut admettre aussi que la France et l'Italie ne mèneraient pas très énergiquement la campagne dans les Alpes. La première, vu la supériorité de son armement et de son esprit militaire, peut se contenter d'opposer aux forces italiennes une armée active de 250,000 hommes, appuyée par une réserve de 250,000 fournie par l'armée territoriale ; si la France se tient

Effectif
des forces.

Répartition des
troupes.

sur la défensive, la guerre, par suite de la faiblesse des ressources militaires et économiques de l'Italie et du peu de partisans qu'un conflit avec la France trouverait dans ce pays, sera terminée avant que quelque résultat décisif se soit produit dans la lutte engagée sur le théâtre principal, entre la France et l'Allemagne.

Or, il faut constater qu'aucun pays ne possède un aussi formidable système de fortifications sur ses frontières que la France. Toute une série de points fortifiés s'étend le long de la Belgique, du Luxembourg, de l'Allemagne et de la Suisse. En s'appuyant sur les calculs du général Brialmont, on peut estimer que les forces mises en ligne par les deux adversaires seront à peu près égales, soit 2,128,000 Français contre 2,035,000 Allemands. Ces derniers pouvant profiter d'une plus grande facilité de mobilisation et d'une plus forte concentration de leurs effectifs, il est possible qu'ils puissent remporter quelques avantages au début, mais plus tard la France emploiera tous ses efforts pour réparer ses premières défaites, et il y a toute probabilité qu'elle y réussira.

Envahissement de la France. Le grand nombre des troupes exige forcément leur dispersion, pour pouvoir les loger et les nourrir plus facilement; mais, d'un autre côté, il est admis en stratégie que chaque corps d'armée doit être en mesure d'arriver au bout de vingt-quatre heures sur le champ de bataille. Le front de combat d'une armée de 225,000 à 250,000 hommes, comme seront les effectifs dans la guerre future, doit avoir une étendue de 50 kilomètres; ce qui, pour quatre armées de cette force, donne une longueur de 200 kilomètres, ou de 150, si l'une de ces armées est placée en réserve. Les opérations des Allemands contre la France s'étendront le long de la Moselle et de la Meuse, de Belfort à Mézières, en face d'Épinal, de Toul et de Verdun. Il leur sera impossible d'envelopper toute la ligne de fortifications que la France a dressées sur sa frontière, et ils ne pourront envahir ce pays qu'en prenant d'assaut les points fortifiés, ou en s'engageant dans les quatre trouées étroites, laissées ouvertes à dessein. La première de ces trouées, située entre les camps retranchés de Belfort et d'Épinal, a 70 kilomètres de largeur; la trouée de la Moselle, entre Épinal et Toul, a 65 kilomètres; la troisième, entre Toul et Verdun, 75 kilomètres. Aucune d'elles ne peut être traversée avant qu'on ait préalablement pris d'assaut plusieurs points fortifiés. La quatrième trouée, entre les camps retranchés de Verdun et de Mézières, a 90 kilomètres, dont 60 seulement offrent un accès relativement plus facile. On voit par là quelles difficultés rencontrerait la marche en avant des Allemands sur le territoire français.

Par suite des nombreux obstacles qui arrêteront l'envahisseur, forcé de les surmonter à chaque pas, la lutte sera très opiniâtre. En 1870, déjà, les déplacements des Allemands furent très lents. Ils allèrent de Wœrth à Toul à raison de 14 kilomètres par jour; de Toul à Sedan, à raison de 18 kilomètres, et de Sedan à Paris à raison de 16 kilomètres.

Mobilité es armées. Dans la guerre future cette vitesse ne sera pas atteinte. Le général prussien von der Goltz dit à bon droit que, pour la mobilité des armées, les opérations de 1870 ne peuvent pas servir d'exemple. On doit s'attendre à un acharnement dont *le résultat sera tel, qu'en suivant le mouvement des armées sur la carte, elles paraîtront immobiles.*

Cette lenteur dans la marche permettra à l'armée défensive, au cas où même un certain nombre de forteresses lui seraient prises, d'élever une grande quantité de fortifications de campagne et d'employer toutes sortes de moyens pour retarder les progrès de l'envahisseur.

Il est vrai que l'armée allemande de première ligne sera probablement supérieure à l'armée française, mais cette différence ne peut pas être très sensible.

Les calculs détaillés des opérations démontrent qu'en admettant que les armées allemandes réussissent à franchir les lignes de défense, et à s'approcher de Paris, la France aura encore à sa disposition 1,160,000 hommes, tandis qu'il ne restera plus aux Allemands que 520,000 hommes pour faire le siège de Paris.

En supposant que deux grandes batailles seulement soient nécessaires pour forcer les lignes de défense et que, dans ces batailles, 400,000 hommes soient engagés de chaque côté, si l'on admet que la quantité des blessés, d'après les conclusions du Congrès des médecins de Rome, soit seulement de 20 pour 100, c'est-à-dire pas plus grande que dans les guerres passées, alors que les armes à feu étaient 30 à 40 fois moins meurtrières qu'aujourd'hui, que la fumée couvrait les champs de bataille et que les armées ne disposaient pas de moyens auxiliaires pour augmenter l'efficacité des armes, même dans ces conditions, le siège de Paris sera impossible. Rien que pour investir Paris, il faudra une armée de 476,000 hommes, sans compter les détachements employés au service actif du siège. Or, les Allemands n'en auront que 520,000, et si les armées françaises venaient à être battues sur leurs lignes de défense, elles se replieraient sur Paris, au nombre de 1,600,000 hommes, et s'appuieraient sur cette forteresse gigantesque. La France pourrait, en outre, faire marcher son armée territoriale, soit en tout 2 millions de soldats. Avec Paris pour base de mouvement, et après s'être organisés, les Français pourraient prendre l'offensive, même avant que l'investissement complet de la capitale par les Allemands soit terminé.

L'ex-chancelier allemand Caprivi, qui était fort au courant de toutes ces questions, s'exprima ainsi au Parlement, lors de la discussion de la nouvelle loi militaire : « Si l'armée française est battue et se réfugie dans ses forteresses, nous aurons besoin pour investir complètement Paris de dix-huit corps d'armée (près de 900,000 hommes), sans compter la réserve. Il est très probable que l'investissement n'aura lieu que sur un front de Paris, et dans ce cas, le siège peut durer toute une année, comme à Sébastopol ».

Si même les Allemands mobilisaient leur landsturm, et faisaient venir 600,000 hommes de plus sous Paris, l'assiégeant (1,120,000 hommes) serait inférieur à l'armée française (1,160,000 hommes). Or, cette dernière s'appuierait sur Paris, tandis que l'armée allemande se trouverait à une distance de 500 kilomètres de sa base d'opérations à Metz ; il en résulterait donc que l'avantage serait du côté des Français.

Dans tous les cas, la guerre durerait longtemps, et nos études sur les conditions sociales et économiques dans lesquelles la lutte se produirait permettent de conclure qu'en admettant même l'investissement de Paris par les Allemands, ces conditions les mettraient dans l'impossibilité de poursuivre les hostilités jusqu'au bout.

Envahissement de l'Allemagne. Si nous étudions une autre face de la guerre franco-allemande, nous voulons parler de l'envahissement de l'Allemagne par les Français, nous constatons que cette marche offensive ne serait possible que si les Allemands se tenaient sur la défensive, en s'appuyant sur Metz, Strasbourg, Thionville et leurs forteresses du Rhin, et tournaient toutes leurs forces du côté de l'Est.

D'après tous les hommes compétents, l'unique direction dans laquelle les armées françaises devraient marcher serait entre Blamont et Longwy, vers Mayence. Mais que de difficultés elles auraient à surmonter ! Elles devraient, sous les yeux des troupes allemandes concentrées sous Metz et Thionville, franchir la Moselle et la Seille, battre ces troupes, investir Metz et Strasbourg, emporter les positions fortifiées sur la Sarre et enfin franchir le Rhin, sous Mayence, Worms et Mannheim. Et tout cela devrait être accompli par des troupes qui, dans la guerre offensive, sont inférieures aux Allemands. Si les Français envoient en Allemagne une armée d'un million et demi d'hommes, au cas où les Allemands mettraient en ligne 600,000 hommes d'armée active et autant de Landsturm, l'armée envahissante ne compterait plus, en arrivant devant Mayence, que 350,000 hommes. Le passage du Rhin et l'investissement de Mayence seraient donc impossibles.

Admettons même que l'armée française d'envahissement soit appuyée par une seconde armée de 600,000 hommes prise dans la territoriale. Dans ce cas, 2,100,000 Français entreraient en Allemagne ; mais, sous Mayence, ils ne seraient plus que 950,000 en face de 750,000 Allemands. Alors, la traversée du Rhin serait même impraticable, car les troupes allemandes, bien qu'inférieures en nombre, auraient tous les avantages de la défensive et de la proximité des bases d'opérations. On peut donc dire d'avance que les opérations sur le théâtre de la guerre, à l'occident, seront très difficiles, et que tout en entraînant des pertes considérables en hommes, tant par suite du feu que de la mauvaise nourriture, des maladies et des épidémies, elles n'amèneront pas de résultats définitifs. Par contre, la vie sociale en Allemagne et en France ne supportera pas une longue guerre. On ne saurait prévoir lequel des deux adversaires se montrera le plus fort au point de vue social et économique et le plus entêté dans la lutte, mais il est probable que tous les deux se trouveront dans une situation très critique. Leurs ressources économiques et financières, nécessaires à l'entretien des armées, seront épuisées de part et d'autre avant que l'un des belligérants ait succombé.

Quant au théâtre des opérations militaires concernant la Prusse, l'Autriche et la Russie, on peut se livrer à ce sujet à un grand nombre de combinaisons éventuelles, mais en les examinant toutes on arrive toujours à la même conclusion, qu'en présence des conditions techniques qui présideront à la guerre future, le but de celle-ci ne sera pas atteint.

Quand on examine l'hypothèse d'une invasion austro-allemande en Russie, on trouve que l'avantage du nombre serait du côté des Alliés, par suite du temps plus long qu'exige la mobilisation des troupes russes, et en particulier leur concentration sur la frontière. Sous ce rapport l'Allemagne l'emporte quelque peu sur la France, de même que l'Allemagne unie à l'Autriche sur la Russie. Mais cette supériorité des forces alliées s'affaiblira ensuite constamment, tant en raison des pertes par le feu et les maladies, que grâce à l'achèvement de la concentration des troupes russes.

> **Opérations austro-allemandes-russes.**

Finalement, l'examen des plans d'opérations militaires sur le territoire russe conduit à considérer comme improbable l'obtention de résultats susceptibles de contraindre l'un ou l'autre des belligérants à accepter une paix désavantageuse ; puis à conclure que l'invasion des Alliés en Russie, tout comme celle des armées russes en Prusse et en Autriche, ne peuvent amener que l'épuisement des forces des deux partis.

Le général prussien von der Goltz est aussi de cet avis : « Les ressources économiques prendront fin avant que les forces armées soient épuisées, vu que les opérations, en France, doivent forcément avoir un caractère traînant. Une guerre contre la Russie ne pourrait dans aucun cas prendre fin en une campagne ; il en faudra toujours plusieurs pour arriver à un résultat quelconque. *On peut prédire que les guerres ne pourront se terminer autrement que par la complète destruction* (Vernichtung) *de l'un ou l'épuisement entier des deux belligérants.* »

> **L'épuisement entier des belligérants.**

Donc une guerre entre la Double et la Triple-Alliance, quelles que soient les hypothèses que l'on mette en avant, aussitôt qu'on applique une méthode scientifique pour examiner ses effets et conséquences, se présente, nous pouvons le répéter, comme une utopie. Les calculs établis sur le chiffre des troupes, leurs moyens d'approvisionnement et la résistance économique des États permettent de prévoir que la Russie seule pourrait continuer les hostilités, en restant tout le temps sur la défensive, pendant une période plus longue ; et même pour elle il est impossible de dire quel serait le résultat de cette lutte gigantesque, car après avoir rejeté les envahisseurs hors de son territoire, il lui serait impossible de prendre l'offensive.

Mais il y a encore un autre point de la question qui augmente les dangers de la guerre :

La paix ne serait guère plus facile à conclure pour les vainqueurs que pour les vaincus. Pour les premiers, les résultats obtenus n'égaleraient pas les sacrifices subis ; en outre, le désarmement des troupes présenterait de sérieuses difficultés ; et, pour les seconds, cette paix serait positivement suivie d'une révolution intérieure.

> **Impossibilié de conclure la paix.**

On a jusqu'à présent aussi perdu de vue la différence profonde entre le passé et le présent, en ce qui concerne les principaux facteurs de la guerre : la composition des troupes, leur armement, les nouveaux moyens de circulation, les conditions de ravitaillement, la difficulté des attaques, l'impossibilité, avec la poudre sans fumée, de reconnaître la position de l'ennemi, la facilité d'élever rapidement des abris fortifiés, enfin les pertes énormes que la lutte entraînerait, avec les armes actuelles, et l'impossibilité de soigner les blessés et d'éviter les épidémies qui causeraient des ravages incalculables dans les armées actuelles de millions de soldats.

Il serait temps de faire sortir la discussion du domaine des phrases et des lieux communs, en renonçant aux artifices de langage chers aux diplomates et aux militaires, pour la faire passer sur le terrain des études sérieuses, afin de fournir ainsi à la Conférence et aux peuples les matériaux dont ils ont besoin pour se former eux-mêmes une opinion définitive.

Les études devraient comprendre les intérêts coloniaux. Mais le champ des recherches devrait encore être élargi. Les changements survenus au point de vue économique ont produit une situation si différente de ce qu'elle était autrefois, que la nécessité d'entrer dans des voies entièrement nouvelles est généralement reconnue en tout ce qui touche les intérêts de commerce et les conquêtes coloniales ou autres, qui doivent également faire l'objet d'études sérieuses.

JEAN DE BLOCH.

Paris. — Imprimerie PAUL DUPONT, 4, rue du Bouloi.

www.ingramcontent.com/pod-product-compliance
Ingram Content Group UK Ltd.
Pitfield, Milton Keynes, MK11 3LW, UK
UKHW020046080726
13614UKWH00004B/1940